せんせー

宇都宮 紀雄・編

教えを受けた側の

九州龍谷短期大学学長　後藤明信

寺の長男として生まれた私は、地元の高校を卒業すると、当然のように、仏教特に親鸞の教学を専門的に学ぶことができる大学に進学した。その後、大学院まで進んだが研究者になるつもりもなく、また教育者になるつもりもなかった。ただ立派な住職になることだけを考えていた。そんな私が寺に帰ってくると、まだ住職である父が健在だったこともあり、誘われるまま九州龍谷短期大学の非常勤講師になった。立派な住職どころか、ずるずると常勤として研究・教育の道を歩み続け、結果的には住職も大学教員も、どちらも中途半端で皆さんに迷惑をかけてしまった。こんな私とは違い、宇都宮紀雄先生は教育の道をこころざし、その道一筋に歩んでこられた。

教員は教壇に立ってしゃべるだけでは、教えたことにはならない。学生がどのように聞き、受け止め、さらに考えて身に付けることができるか、である。そこにはじめて、教えるということが成り立つのである。お釈迦さまがどれほどすばらしい真理を見出し、その内容を説いても、それを聞く人がいないと、それは仏教にはならなかった。釈迦の教えを伝える経典は、「如是我聞（かくのごとく、われききたまへり）」という言葉で始まる。すべて、仏弟子たちが受け止めた言葉である。聞いた人、その教えに生きる人の言葉だから、重みがある。

さて、この書は宇都宮先生の教員生活のすべてが凝縮されたもの、と言っても過言ではあるまい。それも、先生と出会った人、また教えを受けた多くの学生、生徒の一人ひとりが、それぞれに語る他に類を見ないエピソード集である。教えを受けた側の言葉によって、宇都宮先生が語られているのである。

せんせー　目　次

九州龍谷短期大学学長　後藤明信　2

教えを受けた側の

ネクタイ　初村直子　10
宇都宮流　田中克三　12
近所の　中村圭一　13
人と関わる　壇（権藤）由依子　15
あっけらかんと　本土（井上）園美　17
ご縁　古川能正　19
ダッフル　古藤有美　22
不思議な存在　小陣（森）知子　24
ナイーブな　古藤慎一郎　26

姉弟で　中村彰則　27
三角まゆ　水田志保　28
同じ目線で　内山彰大　30
サボテン　井上　太　31
愛のムチ　村方和樹　32
渋い　本田州弘　34
天狗　原　迅　36
まだまだ　平川善規　37
吾子　井樋恵美　39
毎日、短歌　松﨑（川﨑）未紀子　40
ペー　大塚　卓　42
財産　馬場文三　44
大人の　村岡由隆　46
器　池田幸代　47
酸素　本村一貴　49
珍しい　角田　梓　51

教え

それぞれに 福本（谷島）詠梨子 53

迫（矢ヶ部）絵梨、高野（酒見）さやか、松島敏夫
松島（樋口）薫、枝吉美香、田中雄一郎、井手康高
岩永真理子、久永操 54

川柳 女子テニス部一同（佐賀大学教育学部附属中） 57

生徒が主役 三根明子 58

車酔い 西村淑子 59

肯定 田中（原田）知世 60

清々しい 坂田（野口）莉沙 61

安心感 Y・K 62

強さ 柿本遵史 64

学校を創る 原田（大坪）夕里歌 65

あくび 出口早希 66

一人ひとりと 大野帆奈美 67

強く、明るく 中川（白水）美帆 69

バッカス　大野健志郎　71
ヤシオリ　日山美沙　73
大きな声　黒川詩歩子　74
礎　岩熊啄也　75
自由奔放　千代延美枝　77
味方　山口裕貴　78
習字　小野　赳　79
人として　笠原昇平　80
リーダー　鳥取靖也　81
勝負　桁尾倖兵　82
安心感　太田結子　83
列待ち　郡　迪香　85
生徒思いな　緒方　遥　87
フレンドリー　篠原良子　88
親父　武田竜誠　90
歌詞で　野中あさひ　92

片付け　小野那澄　93
授業っぽくない授業　今村（眞田）千菜美　95
フリーペーパー　後藤曜子　97
さつまいも　池田珠生　99
なかなか、いないない　福本彩乃　101
良かった　鐘撞泉璃　103
言葉の美しさ　後藤茉帆　104
流行りの　菊谷敦司　105
夢を色付ける男　加地健翔　107
面白さ　オーム（タイ王国）　109
マージャン　パン（タイ王国）　110
何でも　ガン（タイ王国）　111
原点　渕上　聡　112

あとがき　113
編者略歴　116

せんせー

ネクタイ

1982年（昭和57年）4月、中学生になった私と、初めて教師になった宇都宮先生。もぉ、40年も前のことなので、第一印象、もちろん覚えてません（笑）。担任として、共に過ごす中で、他の先生方に比べると、年齢も近いというのもあったかも知れませんが、とても親しみやすく、先生とはたくさん話したように思います。

決して成績の良い生徒ではなかったので、授業の記憶よりは、校外学習に連れて行ってもらった事を覚えています。お弁当の時間。普通、先生方は職員室で食べられるのに、先生はなぜか、教室で私たち生徒と一緒に食べる…。今日はどこの班に座ろうかと、ニヤニヤしてる先生の事などなど、いろんな思い出があります。その中で服装指導の時に、「みんなには制服がある。でも先生には制服がない。みんなにきちんとしなさいと言う前に、先生がきちんとしようと決めたことがある。それは、必ず毎日、ネクタイをしてくる事だ」と話してくれたことを、今でもよく覚えてます。

九州龍谷短大在職中の先生に声をかけて頂き、公開講座に参加した時も、変わらない笑顔とネクタイスタイル。教壇に立つ先生も、席に着いてる私も、随分、歳をとりましたけど…。学生の時は、あんなに勉強が苦手だったのに…。あっという間で、久しぶりの先生の授業に、懐かしさと新鮮な気持ちで…。改めて先生の教え子で良かった、40年前に1年3組の教室で出逢えて、本当に良かった。そう思わせてくれる先生だから、40年以上も教師を続けれてると思います。これからも、沢山の教え子たちの先生でいてくださいね。

最後に、こんな国語力がなかった教え子に、文章を依頼してくれた先生。「無理…」と、思ったけれど、「せっかくだから…」と、書かせて頂きました。こんな機会を与えてくれて、宇都宮先生、ありがとうございます。また、一緒に飲みましょうね。

【初村直子】1984年度　鳥栖市立鳥栖中卒

宇都宮流

宇都宮先生との思い出は数限りないが、その中で皆が覚えていなさそうな話をしよう。それは、私にとって衝撃的な宿題だった、漢字書き取りのことである。

何が衝撃的だったかというと、その質と量と罰である。それまでの漢字書き取りは、新出漢字を覚えるために「郊郊郊…」と連続で書き、マスを埋めていくのが相場だった。しかし宇都宮流は、一つの漢字につき三つの熟語を考えて書き、同じものを連続で書くのは禁止、というルールだった。しかも毎日一頁（四百字）である。例えば、「惑」という字なら、「惑星・困惑・誘惑」と、すぐに三つの熟語が思いつくが、そうは行かないものも多かった。「秩」という字の場合、「秩序」は何とか出てくるが、後が続かない。困った私は父の部屋にあった分厚い漢和辞典を一つ一つ引き、相当な時間をかけて何とか提出していた。なぜなら、忘れると容赦ない平手打ちが待っていたからである。しかし、この宿題のお陰で、類似語の区別や熟語の意味理解がかなり進んだことを実感できた。「宇都宮流」、まさに恐るべしである。

【田中克三】１９８４年度　鳥栖市立鳥栖中卒

近所の

私が中学校に入学した時、宇都宮先生は、新卒の国語の先生でした。10歳ほどしか年も離れていないので、先生というよりは、近所のお兄さんのように感じていました。

私は今、地方の議員をしていますが、10年近く前に、ある選挙に落選して、俗にいう浪人をしていた時に、「お前の同級生数人と飲むから、来ないか?」と声を掛けて頂きました。喜んで参加すると、懐かしい顔ぶれが揃っており、元気にしている私を見て、みんな安心してくれたようでした。楽しく飲んでいると、後から4~5名のグループが入ってきて、見覚えのある顔だなと思ったら、何と、これも同級生たちでした。「隣に来て、一緒に飲もうよ!」という先生の一声で、その夜は大いに盛り上がりました。しかし、後で考えると、あまりにも偶然過ぎます。私に気を遣わせない形で、私を元気づけようと、先生が仕組まれた飲み会だったのでは、ないでしょうか?

中学校の入学式で先生に出会ってから、40年。改めて、時の流れの早さにびっくりですが、先生は、いつまで経っても、先生でいてくださっているのだと、本当にありがたく思っています。先生、また飲みましょう！

【中村圭一】１９８４年度　鳥栖市立鳥栖中卒

人と関わる

宇都宮先生と出逢ったのは、鳥栖中学校1年生の時。ティーンエイジャー真っ盛りの私たちにとって、大学を出たばかりの先生は、親しみやすい兄貴のような存在だった。

日曜日になると、よくみんなで先生の家に押し掛けた。私たち女子が手料理を振る舞うという企画で、てんやわんやの大騒ぎ。なんとか出来上がった分厚いクレープや、茹で過ぎて膨らんだチャンポンのようなスパゲッティを、先生や男子から散々からかわれながら、炬燵を囲み、みんなで大笑いして、日暮れまで遊んだ。

大人になり、友人・園美の結婚パーティーのサプライズ・ゲストとしてお呼びした時には、『北の国から』のテーマ曲と共に登場してもらった。続くスピーチは、懐かしい宇都宮節。先生を知らないゲストも大勢いたが、会場は沸いた。

先生はどんな頼みも、面白がって、二つ返事で受けてくれる。友人・和代のレストランのオープニングパーティーや、私のフラメンコのショー。社会人受験した大学の推薦文も書いてもらった（この時は不合格だったが、感謝している）。

思い返すと、日曜日まで生徒と過ごし、担任をしてもいなかったかつての教え子の数々のイベントに参加する先生に、余暇らしい余暇はあったのだろうか。ただ、先生の屈託のない笑い声は、私たちと過ごす時間を、心から楽しんでくれているように思える。きっと先生は、生徒と、そして人と関わることが、大好きなのだと思う。そしてその笑顔を見たくて、私たちは先生に、会いに行くのだ。

【壇（権藤）由依子】１９８４年度　鳥栖市立鳥栖中卒

あっけらかんと

飲み会の席でも、いつも楽しそうに話してる先生。先生と話すと、中学生時代に戻ります。卒業から何十年も経ってるのに。学校の廊下で、教室で、生徒と対話してる姿を思い出します。私は、担任でも部活の顧問でもないのに、自分の部活で叱られ叩かれたことなど、いろいろ話を聞いてもらいました。よく考えると、親には話さなかったのに、先生にただ愚痴を聞いてもらってたのだと、今はそう感じます。そんな先生は、他にいるかな？

卒業しても一人ひとり、外見でもなく、経歴でもなく、個人の個性を認めて接してくれて。社会に出て、結婚して、子育てして、積もり積もった話はあるけれど、自分はこのままでいいんだと、感じることです。他の生徒の方々も、同じ気持ちじゃないでしょうか。

そう言えば、長男も中学の部活でお世話になり、自宅を出たのに庭球場に来ず、探し回ったこともありました。その時、先生が一言。「ハッハッハッ、園美の子どもやなぁ」と。本当に、親子共々お世話になりました。

先生が、いろいろな学校へ勤務されるのを聞く度、その精神力と体力に、脱帽です。何歳になっても挑戦されていること、尊敬します。なぜ、そんなにあっけらかんと出来るのか。見えないところで、すごく努力されてるとは思うけど、表に出さない姿が、先生の凄いところかな。

【本土（井上）園美】1984年度　鳥栖市立鳥栖中卒

ご縁

紀雄先生と私は、不思議なご縁で今日まで結ばれ続けていると感じます。まず、紀雄先生と出会ったのは、私が中学1年生の時でした。紀雄先生もその年に教師になられたばかりで、年が近く、「私たちのことを真剣に考えてくださる先生だ」と、言葉ではなく、肌で感じていたように思います。当時は、大好きだからこそ、ちょっと意地悪を言ってみたり、ふざけてじゃれ付いたりしている者が、たくさんいたと思います。

紀雄先生は、私たちの言葉にとても耳を傾けてくださっていました。昼ご飯の時間も、職員室ではなく、私たちと一緒に食事をしてくださり、グループに交じりながら時には笑い、時には真剣に話を聞いてくださっていました。そんなある日、冗談のつもりで紀雄先生をわざとグループに入れないような言動をしたことがありました。真面目な先生ですから、心を痛められたと思います。私たちも、そのことを深く反省して「ああ、ちょっとおふざけが過ぎたぞ。どうしたらいいのだろう？」と13歳の頭で必死に考え、クラスの代表が謝罪に行ったことがありました。このエピソードから、何となく通じるかと思いますが、みんな紀雄先生のことが好きだったのです。好きだからこそ、ちょっと意地悪をする。13歳ですから、加減や相手の気持ちをまだよく把めなかった…。そんなことがありました。

またある日は、クラス全員を鳥栖の「あずまや（四阿屋）」という避暑地に、連れて行ってくれました。何を話し、何をしたのかは思い出せませんが、あの時の友達と過ごした楽しいひと時は、言葉や記憶を超えて感覚として今でも覚えています。紀雄先生は、私たちが、子供たちが喜ぶことを率先して実現してくださる先生であった、ということです。

中学2年生になって、紀雄先生が自分の担任ではないと知ったときは、ショックでした。友達と二人で「どうして、クラスの担任になってもらえないのか？」と言いに行ったほどでした。そんなときも紀雄先生は、「ごめんな」と、何とも言えない表情をされていました。

その後、中学を卒業する頃に私は、教師になることを志していました。これも紀雄先生のような、子供といつまでも楽しく過ごせる教師になりたい、との思いからです。今ではいろいろと問題がありかないませんが、新卒の頃は、クラスの子供たちを泊まり込みで、北山少年自然の家に連れて行きました。先に述べた中学時代の楽しい感覚が、自分の中にあったからでした。

また新卒の時に、紀雄先生と深い縁を感じることがありました。ある研修で女性の先生と同じ班になり、その女性を背負うゲームがありました。その女性こそが、先生が大学院に研修に行かれた折、見初められ、猛アタックの末にご自身の妻に迎えられた方でした。それをきっかけとして、先生とはお酒を飲みに行くご縁を頂きました。お酒の席では「よしまさは…」と中学生の時と変わらず名前で呼んでもらえるのが、とても嬉しかったですね。

他にも、私が理科で師事した佐賀県を代表する高名な先生が、紀雄先生のことをよくご存じであったことも、紀雄先生との深いご縁を感じる出来事でした。

紀雄先生は、私という人間の人生を、大きく良い方向へと導いてくださった、正に「恩師」です。私も現在、教頭となり唐津の地で勤務をしていますが、先生のように卒業しても離れていても、良い影響を与え続けていける教師として、最後まで勤めていきたいと思います。

【古川能正】1984年度　鳥栖市立鳥栖中卒

ダッフル

宇都宮先生が私の担任になったのは、中学二年生のとき、今から、四十年も前のこと。

Yシャツにネクタイで、のび太みたいなメガネ。マジメ先生かと思いきや、話すとけっこうおもしろい。あの頃、みんな陰で、先生たちを名字で呼び捨てにしていたけれど、宇都宮先生のことは、「のりお」、もしくは「のりおちゃん」と呼んでいた。

休日に、先生の家に遊びに行ったことがある。独身で実家住まいの家に、女子四人くらいで押しかけた。部屋にグレーのおしゃれなダッフルコートがかかっていた。アース・ウィンド&ファイアーのレコードもあった。「先生、こがんと（こんなの）着ると（の）？」「こがんと聞くと？」「似合わんねー」「彼女、おらんと（いないの）？」と失礼なことを言って、お菓子を食べつつ、喋りまくった。いつもの学校とは違う、先生との会話に大人どうしの友達になった気分だった。

学校生活や授業よりも、家に遊びに行ったことが、自分の記憶に残っているのに驚く。「のりおちゃん」が、休日まで自分たちを迎え入れてくれて、対等にお喋りに付き合ってくれたことが、すごく嬉しかったのだと思う。自分が大人になると、そうしてくれる大人の大切さがよく分かる。

先生、ありがとうございました。ダッフルコート、今着ても、いけるよ！

【古藤有美】1984年度　鳥栖市立鳥栖中卒

不思議な存在

　中学に入学したのは、もう四十年以上前の事となってしまった。今でも連絡を取り合える先生は、宇都宮先生の他にいない。一度も担任になってもらったことはないのに、これほど長くつながりを継続できているのが不思議だ。

　中学時代には「あしあとノート」で本音をぶつけていた。短くごじょごじょっと書かれたコメントの文字を、解読するように読んでホッとしたり、ハァ?と首を傾げたり、交換日記のようなやりとりをしていたことが一番心に残っている。あれだけの人数の生徒と交換日記をするのは、大変な仕事だったであろうと、後に教員となって気づいた。

　中学卒業後しばらくはお会いすることもなかったが、私が小学校の教員となった時に、教育事務所の偉い先生のお一人として学校に訪ねて来られ、再会した。経験も浅く、勢いだけの下手な授業を見られることに、非常に気恥ずかしい思いがあった。お偉い先生方はたくさんおられたけれど、宇都宮先生の眼だけが気になった。変わらぬ笑顔で見守られ、後で少し話したけれど怒られた記憶はないのでどうにかうまくやれていたようだ。

大人になってからお酒の場での会話の方が、深い話ができていて面白い。ここで公表するような話ではないので詳細は書かないが、「今だから話せるけど…」と、中学当時の大人の事情を知ったり、「あの頃、森はどう思っていたか」と、中学生当時の心理を探られたり、遠慮のない会話で盛り上がる。再び書くが、宇都宮先生は直接担任してもらったことはないのに、一番親しい先生となっている不思議な存在だ。

そして今現在、農家に嫁ぎ、農業法人を夫婦で経営している私にとって、不定期に入ってくる「干し芋」の注文の長電話で近況を知り、その度に驚かされる。職場が変わる、住む場所が変わる、それに伴い、教える対象が変わる。先生、一体そのバイタリティは、どこから来るのでしょう。

何年経ってもこんな私をかわいがっていただき、心より感謝いたします！

【小陣（森）知子】１９８４年度　鳥栖市立鳥栖中卒

ナイーブな

確か、先生が新卒1年目(?)で、担任をされていた時の生徒だったと思います。親しみやすく、ナイーヴなイモ青年だったと記憶しております。長い間、お疲れ様でした。

【古藤慎一郎】1984年　鳥栖市立鳥栖中卒

姉弟で

紀雄先生、教員生活40周年おめでとうございます。もうあれから40年経つのですね。本当に月日が経つのはあっという間です。

先生は私の担任をされたことはなかったのですが、3年間、国語を先生に教えていただきました。それに、のちに教員になった姉もお世話になりましたので、先生には姉弟でお世話になりました。先生は新任で年齢が近いこともあり、初めから話しやすかったですし、生徒の間でも人気?!でしたよね。先生とは勉強よりも？ 何気ない世間話やちょっとした相談で、よくお話をした記憶の方が残っています。

覚えていますか？ 何年前だったか、男子バレー部の集まりで古賀基喜先生を呼んで飲んでいた時、偶然すぐそばの席で紀雄先生が女子の同級生と飲んでいらして、あいさつに行ったときに、本当に久しぶりだったのに、「あっ、彰則やろ?!」と覚えてくださっていたのは、とても嬉しかったですよ。あと、遅くなりましたが、4年前の私たちの50歳記念の同窓会においでくださいまして、ありがとうございました。次回開催する時もお声を掛けますので、是非いらしてください。

先生、これからも益々のご活躍をお祈りいたします。

【中村彰則】1984年　鳥栖市立鳥栖中卒

三角まゆ

小学校から中学校に上がった最初のクラス、1年6組。先生はどんな人が来るのかと、ワクワクしながら待っていると、ガラガラガラ～と扉が開き、先生が入って来ました。「かっこいい!!」と喜んだのも束の間、そのまま出て行かれ、代わりに入ってきたのが、□(四角)い顔に、△(三角)まゆ、○(まる)い小さな目の先生…。そう、それが、宇都宮先生でした。

常に生徒と同じ目線で、誰よりも生徒のことを考えてくれる先生は、あっという間に生徒の心を掴みました。そんな先生のもと、このクラスは団結力の強いクラスとなり、何をするにも一番。教室を一周するほどの賞状が並びました。

生徒一人一人の個性を引き出してくれた先生。引っ込み思案だった私は、先生が作り上げたこのクラスのお陰で、自分自身の長所を知ることができ、自信がつき、自分を好きになることができました。今の私があるのは、宇都宮先生のお陰と言っても、過言ではありません。

月に一度発行してくださった学級通信の「吾子(あこ)」。最後の号に、一人一人の特性をとらえた一言メッセージを、書き綴ってくださいました。私のことを「女の子の鏡」と書いてくださったこと、恥ずかしながらも、とても嬉しかったことを今でもよく覚えています。

宇都宮先生との出会いは、私の人生の大切な宝の一つです。先生を一言で例えると、「先生っぽくない先生」。

先生!! 生涯現役で、いつまでも「先生っぽくない先生」を、貫いて行ってくださいね。

【水田志保】1987年度　基山町立基山中卒

同じ目線で

新しい環境での中学生活スタート。クラスは隅っこの1の6。ドキドキというよりよりも、ワクワクだけで、教室で先生との初対面を待ちわびていた。どうやら名前が「のりお」らしい。顔が四角らしい。眉毛が三角らしい。みんな、ワクワクして待っていた。満を持して、先生登場。想像を超えてきた。見た目も、性格も。相当盛り上がったのを覚えている。

愛情を持って叱る先生の象徴、「愛のムチ」。休み時間、教室で紙ボール野球してる時、先生の大切な（生徒より大切な）サボテンに当たって、折れた。裏からテープで補強してみたが、小テスト中、暇だった先生がいじっていると、ポロッと取れて、バレた。「愛のムチ」。

授業中、マンガのキャラ真似をアドリブで、友達○と連携でキメる。先生爆笑その後、「愛のムチ」。スケッチ大会で、お菓子食べた。「愛のムチ」。

「愛のムチ」のエピソードは、数え切れない。

ニュー「愛のムチ」より、初代の方が効いていたかどうかは、マル秘。ただ、一度も今で言う体罰だと思ったことは、なかった。今思い出すと、相当なワルガキに、同じ目線で接していただき、ありがとうございました。

【内山彰大】１９８７年度　基山町立基山中卒

サボテン

中学校１年のときの担任でしたが、思い出すのは、先生が大事にしてたサボテンを、生徒が雑巾？ボールで野球してたら、当たって鉢植えを落としたらしく、先生がしょんぼりしてたことでしょうか？　また宿題を忘れたときに、指示棒（「愛のムチ」）でピシッとされたことも、いい思い出です。

さらに、引っ越しの手伝いをした後で、軽トラで送ってもらった時、荷台に乗り込んでいたため、うっかり地元の警察に連れていかれたこともありました。

卒業した後も、食事をしたり遊びに行ったりで、大変お世話になっています。ありがとうございます。

【井上太】１９８７年度　基山町立基山中卒

愛のムチ

凶器は、プラスチック製の棒（長さ約80センチ、太さ約5ミリ）。1985年春、自称「愛のムチ」を引っ提げて、先生は基山中学校に着任した。「なんという教師だろうか」と、当時は絶句したものだ。ただ、知人を通じて前任の中学校関係者に聞いたところ、意外な言葉が返ってきた。

「のりお、好いとったー（好きだったー）!!」

最初は不思議に思ったが、この言葉は嘘でなかった。国語の授業は分かりやすく、学校行事の運営はクラス全員が積極的に参加し、学級通信「吾子」発行では、独自のコメントで親しまれるなど、いずれも楽しいものとなった。

特に、いたずらをした生徒への「愛のムチ」は、先生の代名詞となった。教室で野球ごっこをしていたある日。ボールが先生持参のサボテンに激突、へし折れる事態となった。私を含めたいたずら3人組は、応急処置を実施。しかし数日後、サボテンが腐れ、先生の知るところとなった。3人組に、上段から「愛のムチ」が放たれたことは、言うまでも無い。

卒業後、あることで悩みを抱え、先生のご自宅をお邪魔したことがある。当時、まだ10代後半の私に先生がかけた言葉は、「よし、飲むぞ」。詳しい経緯は忘れたが、ビールを酌み交わし、先生に相談したことを感謝しながら、スッキリして帰った覚えがある。

新聞記者という職業柄、教師の「不祥事」を取り上げることもある。宇都宮先生だったら、どうだろうかと考える。「愛のムチ」に、「未成年飲酒」。はたして…。

時代と言えばそれまでだが、「愛のムチ」などは私たちにとって、小さなことだったように思える。私を含めた生徒たちは、全力で、全身で、そして笑顔で、先生と向き合っていた。そんな記憶だけが鮮明に残っている。

生意気なことを申し上げて恐縮だが、この生徒たちの姿勢そのものが、先生の「教育」に対する答えのような気がする。

【村方和樹】1987年度　基山町立基山中卒

渋い

「おっさんやん！」。中学校3年の春、体育館で担任の紹介があった時の、先生の印象でした。先生はまだ20代後半で、そう呼ばれるほどの年齢ではなかったのですが、良く言えば、外見から醸し出される渋い雰囲気。また、14歳という少年期の私たちからすると、そう感じた事を強く覚えています。そんなこんなで、進級でのクラス替えもあり、新しい級友と、ピンクの装いで有名な夫婦の芸人に似た担任の先生、との学校生活が始まりました。因みに、私たちのクラスは男女共になかなかの個性派揃いで、思い返せば、よくバラバラにならなかったと、感慨深いものがあります。

今は、先生を招いての同窓会が恒例となっていますが、開催当初、先生がうちに泊った時によくよく話を聞いてみると、学生時代に嫁の兄の家庭教師であったことや、教師になって初めて赴任し、受け持ったのが、うちの嫁の学年であったことが判明しました。世間の狭さを痛感させられるとともに、人の縁を感じさせられたのを思い出します。

最後となりましたが、先生と昔の話をしていると、中学生の私たちに対して、一人の人間として接してくれていた（今の時代ではアウトなこともありますので、内容は控えておきますが）ことや、各人に合った居場所を作っていてくれていたことなどを、今更ながらに気付かされ、なぜクラスがバラバラにならなかったのか、理解できたような気がしました。

「おっさんやん」と思い、早35年。これからも、たくさんの人たちに居場所を作ってあげられるよう、お酒を少し控え目にして、生涯現役で、頑張ってください。

【本田州弘】1989年度　鳥栖市立鳥栖中卒

天狗

昭和49（1974）年生まれの私は、平成元（1989）年度に中3で、宇都宮先生が担任でした。その中3のある日、私がクラスメイトに対して、馬鹿にするような態度をとり、調子に乗っていたら、先生から放課後に職員室に来るように言われました。そして、今でもありありと思い出すくらいに、強く怒られました。

その時のことを、大人になってからもずっと考えていました。「自分より力の弱い者に対して、天狗になることこそ、恥ずかしいことはない。人に対して嫌なことを、決してしてはいけない」という趣旨のことを、あの時、先生から学んだと思います。

今もなお私は、職場でも家庭でも、出来た人間とは決して言えません。しかし、失敗しそうになった時、また失敗して反省している時、あの時怒られたことと、先生の怒った顔をいつも思い出します。そして、それがあるから、生きていられるような気がします。

30年経っても素晴らしい先生、教師40周年、おめでとうございます！

【原　迅】1989年度　鳥栖市立鳥栖中卒

まだまだ

宇都宮先生は、私の中学3年の時の担任の先生でした。他校から赴任してきたばかりなのに、あっという間に、私たち生徒の心を掴まれました。中学2年生まで優等生扱いされてきた私に対し、先生はいつも「まだまだだ！」と、発破をかけてくれました。その時は戸惑ったものの、今振り返ると、それは私が天狗にならず、さらに成長するための愛情深い声掛けだったのだと思います。先生は、結果よりも努力の過程を評価してくれる方でした。

先生は、すべての生徒に光を当て、適材適所で活躍の場を与えてくださいました。生徒一人ひとりの良いところに目を配り、ほめて認める姿勢は、誰もが尊敬の念を抱くものでした。また、毎週1～2回発行される学級通信『吾子』には、生徒の言葉がふんだんに掲載され、クラスの様子が家庭によく伝わっていました。『吾子』というタイトルは、俳人中村草田男の有名な俳句に由来し、生徒をかわいい吾が子のように大切にしたい、という思いが込められていたと聞いています。そのため、保護者からの信頼も厚く、私の母も、先生を心から信頼していました。

先生との出会いが大きく影響し、私は高校教員の道を選ぶことになりました。先生の教育方針を胸に、生徒たちをかわいい吾が子のように接することができる教員になるように、心がけてきました。たまたま中学校で3年間担任を務める機会がありましたが、先生にお願いし、同じ名前の学級通信『吾子』を発行させていただきました。生徒や保護者から大変喜ばれ、卒業式の日に、ある保護者から「大切にとっています。ありがとうございました」と言われたときは、本当に嬉しかったものです。

先生のお陰で、あのときのクラスの絆は深まり、50歳になった今でも同窓生たちと年に2回ほど集まり、酒を酌み交わしながら、思い出を語り合っています。もちろん先生が会話の中心となって、大盛り上がりです。この光景を見る度に、『教師冥利に尽きる』とはこのことだと、感じます。先生は、現在も変わらず教育に情熱を注いでおられ、私もその姿に刺激を受け続けています。先生は、私にとって最高の『恩師』であり、永遠の『ライバル』でもあります。これからも、「まだまだ!」という言葉を胸に、共に教育の現場で頑張っていきたいと思います。

【平川善規】1989年度　鳥栖市立鳥栖中卒

吾子

学級通信『吾子』は「万緑のなかや吾子の歯生え初むる」という俳句から取ったと説明を受け、この句の意味を教えていただいたことが、とても印象に残っています。親の、我が子への愛情を表した句だと知って、自分に女の子が産まれたら「あこちゃん」って名前にしたいな、と思っていました。

男の子２人だったので、叶いませんでしたが…

【井樋恵美】１９９１年度　佐賀大学教育学部附属中卒

毎日、短歌

私が宇都宮先生と初めてお会いしましたのは、佐賀大学教育学部附属中学校2年2組の教室でした。進級して新しい先生が赴任され、担任を持たれたクラスの40人の中の一人でした。第一印象は、笑顔で優しい声の年齢不詳のお兄さん？…であありました。

一番思い出深いのは、帰りのホームルーム。毎日短歌を一つ以上創り上げるという時間がありました。毎回お題を挙げ、それを入れて自分の思いを言葉に綴る。なんと衝撃的な作業でありましたでしょうか。最初はなかなか言葉が見つからず、ペンが進みませんでしたが、毎日毎日行う中で、自然と文字を綴れるようになっていました。何せ、多感な中2でありますから、思いを寄せていた人を想いながらペンを走らせた事、懐かしく恥ずかしささえ覚えます。

先生は、よく「吾子」というワードを使われていましたが、私も50歳目前、今となってその言葉が、私たち生徒へ向けられた愛情だったと思い返され、目頭が熱くなります。『人は人によって育てられる。』という言葉がありますが、正に、私にとって宇都宮先生に出遇えたその時間が、今の私の糧になっております。良き師に出遇えた有り難いご縁に、感謝致しております。これからも、お身体をご慈愛なされながら、教育者として若人を導いてくださいますよう、お願い申し上げます。

【松﨑（川﨑）未紀子】１９９１年度　佐賀大学教育学部附属中卒

ぺー

1991年4月から1年間、佐賀大学文化教育学部附属中学校3年3組の担任をして頂きました、大塚卓と申します。因みに、妹も弟も先生には附属中学校でお世話になりました。お陰様で私は、現在は佐賀市で、父の医療法人を継承し、病院と介護施設で理事長をさせていただいております。お世話になった弟は院長として、妹は事務長として、当法人で働いております。

宇都宮先生は、私が中学2年生の時に赴任されて来られました。体育館で新任の先生の紹介の時の事は、今でも鮮明に覚えています。髪型や容姿が「林家ぺー」に似ていた為、直ぐに先生のあだ名は、決まりました。服装も濃いグリーンのジャケットに、裾の広がったラッパズボンと、個性的であったと思います。2年生の時は、担任ではなかったのですが、変な先生の印象がありました。

その為、3年時の担任が先生に決まった時は、正直微妙でした。中学校卒業年度の担任の先生ということもあり、様々な思い出があるのですが、怒られるかなと思っても、意外と怒られませんでした。今考えると、当時の校則や学校の方針であっても、生徒にとって本当に良いことか疑問をもったら、先生はその行動を生徒の自主性に委ねてくれていたのだと思います。それが、当時の先生では珍しかった為、初めは変な先生という印象になっていたのだと思います。

しかし、お陰で1年間が充実し、最後の年を締め括ることが出来ました。卒業後も、私の大学病院勤務時の上司も先生の教え子と言うご縁で、3人で飲んだり、内容は言えませんが、最近でも私の仕事の相談をしたりしたこともあります。また嬉しいことに、先生から相談と言うかお願いを受けることもあります。卒業して30数年経っても、先生に相談しようと思うことがあり、それに答えてくれる魅力的な先生です。もしかすると、変な先生だったからこそ、未だにこのような関係が築けているのかも、しれませんが…。

今後とも、今まで以上にお付き合いいただけると、幸いです。

【大塚卓】1991年度　佐賀大学教育学部附属中卒

財産

私自身、先生とは、もはや恩師というよりは、友人的なお付き合いをさせていただいている感じなのです。

思えば高校受験で、どん底の成績だった僕が西高に行くと言った時も、お前なら出来るだろうと、願書提出ギリギリまで頑張ってみろと言われ、自分を信じてくれている先生がいるのが嬉しくて、寝る間を惜しんで勉強して、およそ3ヶ月で、成績順位を爆上がりすることが出来た事。そして見事に合格できたのですが、今度は佐賀西高で、板前になりたいという進路を決断した時も、必死になって止める西高教員とは裏腹に、お前はねじり鉢巻の寿司屋が似合いそうだと言ってくれ、修行に出た店全てに食べに来てくれた事、仕舞いには、修行先の親方とまで仲良くなって、酔い潰れた先生を家まで送った事も、ありました。

35歳で独立してからは、月に一度は自分の仲間や、教え子たちを連れて飲みに来てくれました。青春時代の時を過ごした先生と、今もこうして思い出話をし、現況を報告し合える関係であることは、僕たちの財産だと思います。

昨今では、教師という在り方が変わっていく中、宇都宮先生のようなハートのある先生が教師を志してくれ、沢山の子供達の思い出に寄り添える存在であって欲しいと願うばかりです。先生、教員生活40周年お疲れ様です。まだまだ、生涯現役であってください！　末永く酒を飲み交わせる事を、楽しみにしています。

【馬場文三】１９９１年度　佐賀大学教育学部附属中卒

大人の

教師というと「聖職者」のイメージが強く、ましてや佐賀大学の附属中学校の先生ともなれば、さらに強かったと思われる。そんな中、先生には2年、3年と担任を受けもっていただいた。もう33年も前の記憶なので定かではないが、ホームルームや授業中に先生は、「他の先生とのやり取りが、納得いかなかった」とか言ったり、照れながら彼女の話をされたりといった、他の先生にはあまり見られないような、率直な大人の意見を聴かせていただいた。その当時は、「大人も、いろいろあるんだなぁ」と思っていたが、自分が大人になるにつれ、「先生がおっしゃっていたのは、こういうことだったんだなぁ」と、共感することも多かった。学校の試験のように、論理的なことばかりではなく、理不尽なことも多い世の中を渡っていくには、教科書のような正論や建前ではなく、先生の本音を聴けたことが役に立つ場面も、多かったように思う。

【村岡由隆】1991年度　佐賀大学教育学部附属中卒

器

女子にとって、バレンタインデーと言えば、超一大イベント。ましてや、スマホもラインもない、平成初期のアナログ時代の田舎の女子中学生にとっては、好きな男の子に思いを伝えられる、絶対に外せない日。

バレンタインデー当日、放課後に告白する気満々の多くの女子たちは、大切なチョコをそれぞれの学生鞄の奥に隠して、登校。しかし！　朝の会で、教壇に立った宇都宮先生が、「おーい、みんなー。自分の鞄を机の上に出せー」と、まさかの一言！　聞けば、職員会議で、2月14日は全クラスを対象に、持ち物検査をすることになったとのこと。ざわつきながらも、皆、しぶしぶ鞄を開け、半ば諦め状態で、先生が机を回って持ち物チェックするのをドキドキして待っていると、先生は、教壇から降りる事も、私たちの鞄に触れる事もなく、「よーし！　持ち物チェック終了！　鞄、下ろせー」と指示。そして、ポカーンとする私たちを残して、先生は「おれは持ち物チェックしたからなー」と、ふふっと笑いながら教室を出て行ってしまった。ピシャッと扉が閉まった瞬間、「先生、やるじゃん！」「先生、最高！」と、クラス中に湧き上がる歓声！　先生のお陰で、私も含めて、青春真っ只中の女子たちは、その日の放課後、無事にチョコを渡せたのであった。

校則やきまりを守ることの大切さを、子供たちに教えるのも先生や大人の役割である一方、宇都宮先生のように、子供の大切な思いをきちんと汲み取り、臨機応変に対応できる大人の器の大きさを感じた、中3のバレンタインデーだった。

私も大人と呼べる年になって久しいが、自分の子供も含め、子供たちにとって、私も宇都宮先生のような器の大きい大人でありたい、と思っている。

【池田幸代】1991年度　佐賀大学教育学部附属中卒

酸素

私が宇都宮先生にお世話になったのは、中学3年生でした。担任の先生が宇都宮先生だと分かったときに、すごく嬉しかった記憶があります。印象的な宇都宮先生とのエピソード!! そんなものは、ありません(笑)。「先生と一緒に中学生活を送れる」、このことが何よりも、素敵な思い出だからです。先生は国語の先生で、国語の授業がすごく分かりやすかったか、それは分かりませんが(笑)、生徒とのコミュニケーションを大切にされる授業だったので、楽しかった記憶しかありません。学生時代にこんなに素敵な先生に出会えて、幸せな学生生活を送れたこのことが、私の人生の基盤になっていると思います。

自己紹介が遅れました。私は現在、東京の渋谷区・港区で小学生や中学生を指導する学習塾をもつ、経営者で講師でもある本村と申します。ここで、20年間ほど指導してまいりましたが、先生と生徒との距離が近い塾だと思っております。距離が近く、コミュニケーションが密でなければ、生徒は能動的・積極的に成長することはありません。ヤル気スイッチ? それは、親と子、先生と生徒、生徒同士のコミュニケーションによって、押されるものだと思います。

こんなにも大切なことを、学校生活という日常の中で、自然と養わせてもらえたあの幸せな日々が今の自分に生きてる、なんて気づくのに、何十年もかかってしまいました。そのくらい、先生と過ごした時間は、「当たり前」な日々で、今の自分像は自分の性格にあると勘違いさせるくらいのものだったからだと思います。

宇都宮先生は、「酸素」です（笑）。あることなんて普段気づかないのに、気づいたら、「いなかったら、どうなっていたんだ!!」のような。先生は、死ぬまで先生をしててもらいたいです。私も、死ぬまで先生しますから（笑）。これからも、ずっとずっと、宜しくお願いします。そして、これから出会う生徒たちにも、「幸せな時間」をプレゼントしてくださいね。

【本村一貴】1991年度　佐賀大学教育学部附属中卒

珍しい

「自分の恩師が、職場の同僚になった！」

こういう場合、一般的には、「気を遣うから、ちょっと遠慮したい」と、思うのではないだろうか。

宇都宮先生との出会いは、私が中学2年生の時。宇都宮先生は2年3組の担任。私は隣の4組で、先生の国語の授業を受けた。幸い、私は言葉というものの面白さに興味をもっていたので、国語は好きな教科だった。どの授業が面白かったか、と聞かれたら答えに詰まるが、授業がつまらないと思った記憶はない。加えて、先生が授業中に怒った記憶もない。当時の他の先生たちは、あんなに恐ろしくキレていたにも関わらず、宇都宮先生は、にこにこ笑っていた。パワハラも当然の当時からすれば、何と、珍しい先生だ。

その後、教育に興味をもった私は、中学校の先生になった。「新規採用」として配属された学校には、ちょっと年を取った、にこにこ笑う宇都宮先生がいた。「新規採用」とはなんともフレッシュで聞こえは良いが、実際の私は、一人前の仕事ができない「ひよっこ」だ。したがって、先輩の先生方に「すみません」という意味を込めて、頭を下げる日々。ただ、宇都宮先生は、私を「育てる」といったスタンスではなく、純粋に「同僚」として関わってくれた。年も、先生としての経験値も、大きく違うのだが、何とまあ、私は相当な自然体のスタイルで、宇都宮先生とだけは気を遣わない「同僚」として話をさせてもらっていた。何と、珍しい先生だ。
そして今、宇都宮先生は新たな場所で、まだ先生として自分の可能性を試している。何と、エネルギッシュな先生なのだろうか。フラットで、エネルギッシュで、自由にあちこち飛び回る先生。また、お酒を呑みに行きましょう。

【角田梓】1993年度　佐賀大学教育学部附属中卒

教え

「吾子」と名付けられた学級通信で、私は中村草田男という俳人を知った。「万緑の中や吾子の歯生え初むる」この句が意味するところを、中学生の私は深くは理解していなかっただろう。ただ、宇都宮先生が、「『吾子』というのは『愛しい我が子』という意味だ。先生にとって、君たちは『吾子』なんだ」という説明をされたことは覚えている。それから数十年が経ち、私も人の親になった。まさに万緑の季節に我が子の最初の一本が顔を出した時のその眩しい気持ち、愛おしさは筆舌に尽くしがたい。こんなにも愛おしい存在がいるのかと思った時、草田男の俳句と宇都宮先生の言葉が浮かんできた。先生が私たち生徒を「吾子」と呼び、愛情をもって指導してくださったこと。それは三年間関わってくださる中で、強く感じていた。あの頃の先生の愛情を、親になって改めて知ると共に感謝した。

校種は違えど、私も今教壇に立ち、国語を教えている。私にとっての「吾子」たちも、たくさん巣立っていった。毎年出会う「吾子」たちに、宇都宮先生に負けないくらいの愛情を持って関わっていこうと、いつも考える。私の教員としての根幹には、宇都宮先生の教えが生きているのだ。

【福本（谷島）詠梨子】1995年度　佐賀大学教育学部附属中卒

それぞれに

娘が大きくなって思うけど、あの頃普通だと思っていた、定期テストの返却後に宇都宮先生の前に出来る大行列。あれって、そんなに無いことなのかと。懐かしくもあり、一人ひとりに応えてくれていた先生の偉大さを、感じます。限られた時間の中で、絶対大変だったと思うけど、先生のおかげで、思考力、表現力がついたのかなぁと思い、懐かしさと感謝の気持ちが込み上げてきました。

【迫（矢ケ部）絵梨】

宇都宮先生といえば…、中指を微妙に立てたゲンコツに、愛の鞭を感じてたねー（笑）。あのゲンコツのおかげで、国語の学習セットを忘れることはなかった。体罰、体罰って言われる今では、ゲンコツ食らわせるとか、考えられないかも、やけど。あの頃は当たり前で、食らわせられた私たちの方が悪い！って、素直に思えた。

【高野（酒見）さやか】

小雨に濡れながら自転車で登校すると、「なんで、カッパ（合羽）着て来ん（来ないの）か！」と、こっぴどく怒られたのを、30年経った今でも、小雨が降る度に思い出します。

【松島敏夫】

テストが返ってくる時に、「採点に異義がある人！」と聞いてくれて、納得したら、ちゃんと点数をくれた先生は、宇都宮先生だけです。

【松島（樋口）薫】

忘れ物をした際に、中指を少し出して、グーで頭を叩かれて、とても痛かった。が、まさかの、「先生も痛いんだぞ」と、言われた。

【枝吉美香】

梅本くんのテストの答案が返ってきた際に、みんなで「この点数、やぼーなか（やばくない）？」とざわついていたら、こっぴどく怒られた。

【田中雄一郎】

受け持ってもらえる（担任であった）最後の日に、１人ずつに宇都宮先生がキャッチコピーをつけてくれたんだけど、おれは「機転がきく井手」と書いてもらって、絶妙な評価だなと、子どもながらに思った記憶がある。

【井手康高】

「吾子」の学級通信に載せてもらえる事が嬉しかった中学時代の経験が、現在の、佐賀新聞社での物書きの仕事にしている礎に、なっています。

【岩永真理子】

字を丁寧に書く習慣が無かった中、授業中にノートに適当に書いている時に、「上手じゃ無くて良いから、丁寧に書きなさい」と言われました。それから、ノートをなるべく丁寧に書くようにしていました。数日後、先生はノートを覗き込んできて、また怒られるかと思ったら、「やればできるやないか」と言ってもらえ、他の授業でも丁寧にノート取るようになれました。

【久永操】

１９９５年度　佐賀大学教育学部附属中卒

川柳

○思い出は　いつのときでも　先生と
○痛快な　国語の授業　また受けたい
○休みなし　毎日テニスの　特訓だ
○のすたるじー　愛のげんこつ　貰ったよ
○みんなへの　愛の溢れた　ホームルーム
○嬉しそう　妻の話を　する紀雄
○のりのりの　愛の球出し　みぎ・ひだり
○理想の師　しっかり向き合う　吾子として

【女子テニス部一同】１９９５年　佐賀大学教育学部附属中卒

生徒が主役

1993年3月、小学校を卒業したばかりの私は、入学式で読む新入生代表の原稿をチェックしてもらうため、まだ入学前の中学校に足を踏み入れた。それが、宇都宮先生との最初の出会い。これから始まる中学生活への思いも相俟って、とても緊張していた記憶がある。

初めての国語の授業も、覚えている。「私は国語が好きですが…」から始まるルールで、生徒全員が自己紹介をした。定期テスト毎のノート提出では、出来によって5段階で点数がついたが、工夫をするとさらに加点していただくこともあり、必死になって、国語のノートを作りこんだ。

高校受験が近づくと、課題作文を書く授業が増え、クラスで秀作を共有して受験に備えた。思い起こせば、教科書を読むとか、文法を覚えるとか、そんなありきたりの授業は無く、自由度が高くて、個性ある生徒が主役になれる時間だった。

おかげさまで私は中学以降、高校でも大学でも国語が好きだったし、得意だった。しかし高校や大学の授業や先生は、思い出せない。私の人生の中で国語の先生と言えば、間違いなく宇都宮先生。そんな生徒が、日本中にいると思う。

【三根明子】1995年度　佐賀大学教育学部附属中卒

車酔い

「めっちゃ、嫌だった」試合が、である。私は、練習するのが好きだった。テニスの練習が、好きで好きで、たまらなかった。なのに先生は、よく私たちを試合に連れて行ってくれた。それに私は、車酔いが他人よりひどかった。でも先生は、よく練習試合に遠くまで、連れて行った。1時間くらいかかるのは、当たり前だった。けど今思えば、そんなたくさんの経験があったから、本番で緊張せず、3年生の時に、団体も個人も、優勝できたんだと思う。

そんな部活仲間には今でも、「先生、よっちゃん（西村）には、特別優しかったよねー」とよく言われている。今では、良い笑い話だ。

【西村淑子】2003年度　三田川町立三田川中卒

肯定

宇都宮先生はよく、「すごいと思う」とか「〇〇のそういう所は、感心するね」って仰られます。ナチュラルに毒舌な時もあるのですが、褒めるときは、良いと感じたそのままが伝わってきます。

先生との思い出に、読書感想文コンクールのことがあります。コンクールに出す前に「お前は、たくさん本を読んでるからかな！　こんな風に書けるってすごいと思ったよ」と仰ってもらえました。

当時私は本の虫だった時期で、何気ない先生の一言だったんですが、自分をとても肯定してもらえたと感じた瞬間でした。

今でも文章を書くのは好きで、この経験が基になってると思っています。先生、ありがとうございま〜す！

【田中（原田）知世】2004年度　三田川町立三田川中卒

清々しい

私は中学の部活でテニスをしていた。その顧問の先生が、宇都宮先生だ。練習の合間に先生は、部活のみんなにいろんな話をしてくれた。「清々しいと書いて、すがすがしいと読むんだよ。この言葉が、先生は好きでね」とよく話してくれていた。そういう試合をして欲しい、勝っても負けても、清々しい気持ちで出来たら、それで良いと話してくれた。その言葉が、印象的に私の中に残っている。部活を通して、スポーツだけでなく、いろんな事を先生に教えてもらった。

卒業後は、先生・友達と一緒に食事へ行く機会があった。それぞれの近況を話し、楽しい時間を過ごせた。学生の時は、部活を中心にして話す事が多かったが、社会人になってからは、部活ではなく、仕事の話を聞いてもらった。先生はこうした方が良いとは、言わない。断言もしない。こういう考え方もある、先生は自分の考えを話してくれる。それを聞ける事が、有り難かった。

先生は時々、「元気にしてる？　子どもたちは元気かい？」と気に掛けて、ＬＩＮＥをくれる。先生はいつもパワフルで、向上心の塊だ。先生から連絡をもらうと、私も先生に負けないくらい頑張ろうと、その度に思う。

【坂田（野口）莉沙】２００４年度　三田川町立三田川中卒

安心感

宇都宮先生は、私たち一期生の学年主任の先生であり、国語と技術の先生であり、硬式テニス部の顧問の先生でもありました。中でも、テニス部での先生との関わりは、とても密だったなと感じています。

先生は本来、軟式テニスをされてきており、硬式テニスは初心者だったはずです。ですが、先生はしっかり軟式と硬式の違う部分を勉強し、初心者である私たち部員に分かりやすいように、ホワイトボードを使って、ルール等を説明してくださいました。練習も、最初はボールと友達になるところからで、ボールをバウンドさせたり、投げたりすることから始まりましたよね。体力作りや基礎練習等は、手を抜くことなくしっかりと行う方針で、コートに入っての練習では、部員それぞれの得意不得意を見極めて、一人ひとりに合った練習をしてくださいました。その練習が軟式テニスのような練習方法でしたが、得意部分を伸ばす事ができたと、私含め部員みんなが思っています。硬式テニス初心者ばかりのメンバーで、沖縄での九州大会まで出場することができたのは、間違いなく、先生のおかげです。九州大会出場という貴重な経験ができて、今でも誇りに思います。

私は、試合に勝っても負けても泣くような、泣き虫でしたが、部長に任命してくださって、頼られたように感じ、とても嬉しかったですし、私が泣いていたら、先生は毎回のように優しく声をかけてくださって、試合の度に救われていました。

先生は時におっちょこちょいなところもあり、練習試合に行く途中で、高速で反対方向に乗ってしまったり、セルフジャッジに怒っていたり、そういう全てが完璧ではないところが、親近感や安心感を与えてくださる存在であり、とても楽しい部活時間を過ごせました。

３年間という短い間でしたが、先生との過ごした日々により、とても濃い思い出ができました。また、さまざまなことに熱心に取り組む先生の姿は、今後私も見習っていきたいと思いました。先生、ありがとうございました。

【Ｙ・Ｋ】２００９年度　佐賀県立香楠中卒

強さ

「宇都宮先生が教員生活40周年を迎えられる」と話を聞いた時、現在も教員として活躍している事に安堵すると共に、先生との思い出を振り返り、懐かしい気持ちになりました。先生から受けた指導というのは、勉学やテニスだけでなく、自身の心身の成長に繋がる事でした。

僕は中学の頃、人付き合いが苦手で、周りと違う事に対して悩んでいました。そんな自分に先生は、「異端」という言葉をかけてくれました。その言葉にとても衝撃を受けたのを、今でも覚えています。周りとは違って良いんだ、それが自分の強みなんだ、と先生の言葉を通して気づけたことが、それからの学校生活を送る上で、モチベーションとなりました。現在、異端な自分というのは強みに変わり、仕事においても、それを活かす事ができています。

テニスも人付き合いも下手だった僕を、見放さずに指導して下さった宇都宮先生。僕が職場にも馴染んで、今でも会社のテニス部で汗を流しているのも、先生との出会いがあったからこそだ、と思っています。先生、ありがとうございました。今後のご健康とご活躍を、お祈りしております。

【柿本遵史】2009年度　佐賀県立香楠中卒

学校を創る

早いもので、29歳になりました！（笑）

中学生の頃の記憶が薄れてきていますが…1期生だったこともあり、様々な先生との距離が近いといいますか、生徒と先生、みんなで学校を創っていっていた感覚が、残っています!!　それもあって、担任の先生ではなかったですが、宇都宮先生とも現在まで、末永いお付き合いに繋がっているなと感じています😌

あとは、先生がバレエの発表会を観に来てくださったことも、嬉しかったです😊

【原田（大坪）夕里歌】２００９年度　佐賀県立香楠中卒

あくび

作文の授業で苦手意識があった私は、宇都宮先生に相談したことがあります。放課後、先生は職員室で私の横に座り、内容を考える時間を作ってくださいました。他の先生を含め、先生と話すことはあまりない方だったので、逆に緊張してしまったけれど、作文を難しく考えすぎていたことに気づかされ、少し気が楽になったのを覚えています。

そんな、一人ひとりの生徒に丁寧に向き合ってくださる、穏やかな口調で優しいイメージの先生でしたが、ある日の学年集会の出来事が、とても記憶に残っています。

それは、食後の暖かい部屋での集会で、みんな眠そうに話を聞いている中、先生は一人の生徒の大きなあくびを見つけると、

「おーい!! 人が話しているのに、そんな大きなあくびをするな!!!」

と、大きな声で怒ったのです。確かに、生徒のあくびは口が裂けそうなほど大きく、私もそれは良くないとは思って見ていたけれど、普段は聞かない先生の怒鳴り声に、私の心拍数は一気に上がりました。正しいこととそうでないことを、こんなにはっきり教えてくださる先生は、関わっていて、とても気持ちが良かったです。

【出口早希】２０１０年度　佐賀県立香楠中卒

一人ひとりと

宇都宮先生の印象は、いつも笑顔いっぱいで大きな声で明るく話しかけてきてくれる先生というイメージです。簡単なようで、これって、本当に難しいんです。わたしも現在、毎日子どもと関わる仕事をしており、笑顔で過ごそうと常に心がけ子どもたちと接しています。しかし、その日の自分の体調、彼氏と前日に喧嘩したこと、今仕事に追われていて自分の心に余裕がないなどで、笑顔が保てない時がよくあり、先生にもきっと、自然に笑顔になれない日も、きっとあったと思います。それでも切り替えて、いつも朝から「おはよー」と笑顔でみんなに声をかけられる先生に対して、その時は「元気やなー」としか思っていませんでした。しかし、今となっては、本当にすごいなと思います。これって意外とむずかしいんですよね。

先生という職業は、授業が上手いということや、少し怖くて子どもたちをぴしっとさせられるっていうことが、もしかしたら良いと言われるのかもしれません。しかし、わたしはそれよりも、子どもの心の発達のためには、一人ひとりの子どもに向き合う、寄り添うことができる先生の方が大切だと思います。子どもの人数が多い、授業の準備も部活もあるという環境の中で、それが難しいのは分かります。しかし、それが上手な先生が、思春期である中学や高校には必要だと考えます。その第一歩が、いつも笑顔でいることだと、わたしは思います。

いつも何かと笑顔で話しかけてくれる！「ほなみー」って呼んでくれる！担任じゃなくても、わたし個人のことを見てくれている！何かあった時、宇都宮先生になら話に行けるかもと、中学時代から、心の中で感じていました。

別に、先生の授業が怖くなかったよー、とか言ってるわけではないですよ（笑）。宇都宮先生は、自分のクラスなど関係なく、子ども一人ひとりを見てくれる、そんな先生だと、わたしは思います。


【大野帆奈美】2010年度　佐賀県立香楠中

強く、明るく

「言葉には面白さ、奥深さがある」これは、宇都宮先生の国語の授業で学んだことです。文章をただ読むだけではなく、その文や言葉に込められた想い、その情景などを読み取ることが国語の楽しさなのだと、教えていただきました。俳句の授業では、比喩表現や掛け言葉を使うことで情景や気持ちが伝わりやすくなったり、物語の授業では、表現の仕方に注目することで筆者の考えや気持ちが読み取れたりと、言葉の面白さを感じることができました。

また、私たちの学年主任だった中学時代は、「強く、明るく」という言葉を、成人式の日には、「愛する人のために、生きなさい」と言葉をくださいました。その時の私たちに合った素敵な言葉だなと、今になっても思い出します。

言葉には誰かを勇気づけ、励ます力もあることを強く知ることができたのは、先生のおかげです。

私は小学校の教員となって数年が経ちました。今は6年生を担任しています。3年前先生が、私のクラスで授業をしてくださった時は、「本の帯を作ろう」と、言葉の使い方を学ぶことができる授業をしていただきました。出来上がった作品には、一人ひとり丁寧にコメントを残し、子どもたちの考えを大切にしてくださいました。私も子どもたちに言葉の面白さ、奥深さを伝え、たくさんの考えを大切にしながら、子どもたちを励ましていきたいと思っています。

【中川（白水）美帆】2010年度　佐賀県立香楠中卒

バッカス

私が、宇都宮先生の授業を受けていた香楠中学校を卒業してから十数年ほど経ったが、未だに様々なイベントのタイミングで、頻繁に「集めてよ！」と頼まれてしまっている。今回も、そんな先生らしい依頼を受け、香楠中学校卒業生たちのエピソードを集めた。

先生は、何でも思った事を正直に面白く言う人。かつ、お酒も大好きな人。先生からテニスの指導を受けていた中学時代のある日の夜、次の日の部活の中止を伝える連絡が来た。電話は少し聞き取りにくい喧騒の中から聞こえ、上機嫌に酔った声だった。その時、先生という存在も一人の人間なんだと、初めて認識した。

そんな先生と5年程前、これまでの卒業生が一同に集まる鳥栖高校の大同窓会に出席。その後、テニス部の仲間との二次会にも行き、楽しく飲んでいた。その中の会話で、当時の彼女の話になった。彼女は同じ香楠中の生徒で、もちろん先生も知っている人であった。「A子とは結婚するんか？」と聞かれ、「そのつもりでは、います！」と話した。

その帰り、先生は帰る手段が無いということで、彼女に迎えに来てもらって、先生を神埼のお宅まで送ることとなった。飲んでいる時には、「今の彼女と結婚したいと思っている」とは話したが、まだ彼女にはそんなこと話したことは、無かった。そんな中、酔った勢いでか、「Ａ子、大野と結婚するらしいな！」と先生の口からこぼれた時、私も、運転してくれていた彼女も、驚いた。そんな大事なことを私への何の確認もなしにポロッと言う先生には、大いに振り回された。

しかし、先生からの思わぬ暴露のお陰で、私は３週間後に急遽プロポーズして、無事にＡ子と結婚することができた。もちろん、先生を結婚式にもお呼びした。流行り病の影響で、何よりも飲むことが好きな先生を、お酒を出せない式に招待することになってしまった。そんな披露宴ではあったが、乾杯の挨拶をお願いしたところ、快く引き受けてもらった。プロポーズと披露宴の開始の音頭をとってくれた先生に、感謝の気持ちを贈りたい。

【大野健志郎】２０１０年度　佐賀県立香楠中卒

ヤシオリ

成績優秀、目立ちたがり屋、5分と静かにしていられない多動・多弁。それなりに扱いにくかったであろう私に、当時学年主任だった宇都宮先生から付けられたニックネームは、「怪獣」でした。

呑川《のみがわ》を遡上しながら蒲田《かまた》を破壊する巨大生物（シン・ゴジラ）が、銀幕に躍り出たのは2016年、私が掃除用具入れの上によじ登っていたのが2010年あたりなので、先生の言う「怪獣」は、もっと古風な様態のゴジラ、もしくは掃除用具入れではなくNYの摩天楼によじ登る、巨大ゴリラであったのだと推測するところです。

毎朝、田代本町から似合わないヘルメットを被って南下してくる「怪獣」に対して、先生がとった「ヤシオリ作戦」は、「やりたいことを、ノビノビとやらせておく」でした。自由に何でもさせておいてくれたのです。

しかしながら勿論、今振り返りますと、先生は放任を決め込んだのではなく、マメに対象を定時観測し、声かけしてくれていたのだと分かります。導き出される結論としては、先生は優れた教師として、温かい年長者として、腰を据えて私たちを見守っていてくださったということです。非常に、感謝してもしきれません。

【日山美沙】2010年度　佐賀県立香楠中卒

大きな声

先生とは中学のテニスの部活を通して、本当に長い時間を共にしました。青春は、先生と共にあった、といっても過言ではないくらいです。とても熱い先生で、その分、前のめりな先生でした。テニスはプレー中、指導することが禁止なのですが、その性格なためか、先生はプレー中もコートの外から大声で指導され、却って私たちにはそれがプレッシャーとなって、ダブルスの大会の決勝戦で負けたことは、一生忘れられません。

部長を務めていた中学3年生の時は、ほぼ毎日昼休みに、廊下から大きな声で名前を呼ばれていたため、同級生の中で私の名前を知らない人はいなかったと思います。私の良いところを見つけてくださり、ほめて頂いたこともありますが、学年集会や同級生全員の前で呼ばれるのは、当時の私は嬉しさより恥ずかしさが勝っていました。社会人となった今では、大々的にほめてもらう機会はないので、今思い出すと、嬉しい気持ちになります。先生はきっと、今でも変わらないんだろうな…。

【黒川詩歩子】2010年度　佐賀県立香楠中卒

礎

私は、宇都宮先生に中学時代のテニス部の顧問として指導していただいていた。様々な指導を受けたが、特に記憶に残っているのは、試合後に必ず感想文を提出していたことだ。これは、試合の反省点などを２００字程度で書いて先生に提出するものであり、当時の私は、若干の面倒くささを感じていた。１時間程度、長ければ２時間近くも。試合で動き回った後では、文章を書くなんかより、休憩を取りたい気持ちが強かった。ましてや、負けた試合の後なんかでは、試合の内容を忘れたいときもあり、振り返りが精神的に苦痛に感じることも、しばしばあった。

しかしながら、嫌な記憶だから残っているのかというと、そうではない。当時から10年以上経った今、その感想文が私の重要な礎となっているから、記憶に残っている。その礎とは、反省の言語化の習慣である。ただ振り返るだけでなく、感想文として試合毎に言語化していたことで、気づけばそういう習慣が身に付いていた。この習慣は、今の私を形成するうえで間違いなく、欠かせない部分であり、何度も助けられてきた。この感想文以外にも、国語の教諭であるからこその視点で、尚且つ、良くも悪くも、先生の個性が色濃く出た数々の指導をしていただいた。中学という、多感で早いスピードで変化していた時代に受けたそれらの指導は、私の礎となっている。

失礼な話ではあるが、大人への反抗心を抱えた当時の私には、本当の意味での感謝をできなかったように思う。多少大人になった私が、当時のように文章にしながら振り返っているからこそ、きちんと感謝ができているのだと思う。宇都宮先生、改めまして、ご指導ありがとうございました。

【岩熊啄也】2010年度　佐賀県立香楠中卒

自由奔放

中学2年のとき、私は不安でいっぱいでしたが、テニス部のキャプテンになりました。「千代延は、晴れ女だな、おまえがキャプテンになって、試合は晴ればっかり。いいぞ〜」先生の何気ないこの一言が、今でも忘れられません。日々の前向きな先生の声掛けは、私を勇気づけてくれました。

先生にキャプテンに選んでもらい、いろんな経験ができたことで、今の私がいると思います。何でも、ストレート。時には毒舌。同じB型で自由奔放な先生。そんな先生が、大好きです。

先生は、学校を卒業してからも、時々連絡をくださいます。コロナ前にテニス部のみんなと一緒に飲んだのが最後なので、また飲みに行きましょう！

【千代延美枝】2011年度　佐賀県立香楠中卒

味方

僕と先生の出会いは、僕が13歳の時でした。先生の息子さんと知り合いだった僕は、思い切って話しかけました。「宇都宮くんのお父さんですよね?!」入学式が終わり、体育館から各教室に戻る廊下で、僕が話しかけたのが最初です。

今振り返ると、好き勝手していた中学生時代、先生には迷惑しか掛けてこなかったと思います。ただ、どんなに他の先生から怒鳴られ、責められても、いつも味方になってくれて、背中を優しく押してくれるのは、宇都宮先生だけでした。

僕が転校した後も、高校受験の対策に来てくれた時、受験に合格しケーキを買ってお祝いしに来てくれた時、いつも助けてくれる先生だった事、忘れていません。

時間が経つのは早く、先生に最後に会ってから、もう4年近く経とうとしています。そろそろ会いたいなと思っていますが、なかなか会えない日々が続いています。

ぜひ年末に帰省した際や、旅行で岡山の近くに寄った際は会って、お酒でも飲みながら、過去の話やこれからの話で、盛り上がりたいなと思っています。またお会いできる時まで、どうぞ、お身体に気をつけてください!

【山口裕貴】2022年度　福岡大卒

習字

私は弘学館29回生で、中学校の3年間、宇都宮先生にお世話になりました。テニス部に所属していたため、授業のみならず部活動でも、先生に顧問として指導していただきました。授業では、新しく取り入れられた習字が特に記憶に残っており、私としては、筆と半紙のみに集中する作業は、弘学館生活の中で、良い気分転換になっていたと思います。

部活動においては、練習試合を多く組んでいただき、私たちが上達できるように考えを巡らせていただきました。当時は、弘学館での学業や寮生活に精一杯で、なかなか部活に心から集中できない日々でしたが、今現在振り返ると、ずいぶんもったいないことだったと、後悔の念もあります。

授業や部活動で、一味違った指導や取り組みが多くありましたが、いずれも根底にあったのは、生徒の成長への期待だったのだろう、と感じています。

【小野赳】２０１４年度　弘学館中卒

人として

宇都宮先生との出会いは、中学1年生の時です。当時の私は、両親が仕事の都合で東京にいたことで、親元を離れて寮生活を始めることもあり、不安で仕方ありませんでした。しかし、最初に先生が担任をしてくださり、不安なく学生生活をスタートできました。それは、先生が私たちに常に温かく、優しい笑顔と眼差しで接してくださっていたからです。

勉強を教えるだけではなく、毎日の終礼や学年集会では、人として大切なことを教えてくださいました。時には厳しく、間違った行動を叱ってくださり、正しい方向に導いてくださいました。そのおかげで私自身は、勉強することの本質や意味を理解できるようになり、成績が一気に向上しただけでなく、周囲との人間関係に悩むことなく、部活や副会長として生徒会活動などにも、挑戦することができました。

社会人になった今でも、学生生活で最も印象に残る先生の一人だと実感しています。先生の教えを忘れずに、感謝を忘れず、頑張ります。

【笠原昇平】２０１４年度　弘学館中卒

リーダー

約10年ぶりに宇都宮先生の声を聞き、懐かしいなと思い、ビールを飲みながら、この文章を書いています。先生には中学1年から3年間、お世話になりました。どんな先生だったかなあと一言で振り返ると、「リーダーを教えてくれた先生」です。先生は、テニス部の顧問として3年間指導してくださり、主将にも任命していただきました。多くの練習試合の実施、地獄の球出し、ランニングなどなど…。きつかった日々は、思い返すとテニス部の成長、主将としての自分の成長に、すべて繋がっていたと確信できます。

今は社会人として、社会に揉まれながら必死に生きている日々ですが、きついことも責任感もって仕事できていることも、先生との日々が間違いなく活きています。

もう私も、24歳になりました。何を言いたいかというと、お酒を飲めるようになったということです(笑)。いつか、中学テニス部一同でお会いし、お酒を飲みながら語り合いたいものです。その時は先生を驚かせるほど、ビックになっていることでしょう(笑)。「先生のお陰です!」これを言えるように、頑張っていきます。

【鳥取靖也】2014年度 弘学館中卒

勝負

私が宇都宮先生と出会ったのは、中学一年生の春です。教室で、一番最初におっしゃられたことは、「授業は勝負だ」という言葉でした。その言葉を聞いて私は、ものすごく熱い先生が来たな、と感じました。しかし、それから授業などで時を重ねる度に、熱さの中にある優しさも、感じることができました。

私のクラスの授業を担当されていない時でも、クラスのことや私自身のことを心配してくださる優しさに、どこか親近感を抱くようになったことを覚えています。時には、人生相談に乗ってくださったり、励ましていただいたりしたことも多く、先生の顔を見る度に、元気が出ることが多くありました。

先生の人柄に惹かれ、私の友人たちも、先生のことが今でも大好きです。還暦を迎えられても、何事にも挑戦される先生は、尊敬できる恩師です。これからもその熱さと優しさを忘れずに、挑戦し続ける宇都宮先生でいてください。またお会いできる日を、楽しみにしています。

【桁尾倖兵】2018年度　八女学院中卒

安心感

私が宇都宮先生と初めてお会いしたのは、中学一年生でした。最初は勝手に、厳しい先生なのかと思っていました。なので、高校を卒業した後でもよくしていただいていることや、気にかけてくださっていることを中学生の私が知ったら、とてもびっくりすると思います。今回、先生のエピソードを書くにあたって、中学・高校の頃をとても思い出しました。その中で心に残っているものとして、先生が毎朝、中学棟の入り口に立って生徒に挨拶していたことです。朝早くどんなに暑くても寒くても、笑顔で生徒に挨拶されている姿が、素直にとてもすごいなと、当時から感じていました。私もよくそこでお話させていただいており、毎朝、先生と会え、お話することで、勝手に安心感を抱いていました。

高校一年生の頃に、部活動や勉強などで精神的に落ち込んでいた時があり、その時もいろいろ話を聞いてくださり、とても救われました。先生がかけてくださった言葉の中で、「落ち込んでしまったら、とことん落ち込めばいい。またそこから上がって来れるから」という言葉が、今でも私を励ましてくれます。携帯のメモに残しているくらいです。あの頃があるから今の私があるんだなとも、時間が経って思えるようになりました。

また、私が高校を卒業する数日前に、先生からお手紙をいただきました。その手紙は今でも大切にさせていただいていて、落ち込んだ時や自信を失ってしまう時など、定期的に読ませていただいていて、前向きな気持ちを持たせていただいています。手紙をいただいた時、職員室で泣いてしまったことも、私にとっては、すごくいい思い出です。

宇都宮先生は、教師だから生徒だからではなく、一人の人として向き合ってくださっているのが伝わっていたからこそ、私たちの学年はみんな、先生を慕っていたのだと思います。私も、先生のような大人になりたいです。

【太田結子】2018年度　八女学院中卒

列待ち

先生と出会ったのは、中学1年生の春でした。中学1年生、初めて経験することが多く、ドキドキの毎日でした。毎日たくさんの授業があり、「この授業か〜、嫌だなぁ」と思うことは、誰にでもあったと思います。そんな中で『宇都宮先生の国語の授業』は、わたしにとって、とても特別なものでした。先生の授業はとても楽しくて、クラス全体で盛り上がることが多かったです。でも、盛り上がり過ぎて怒られてしまったこともありました。わたしは勉強が苦手で、テストの点数も良くはありませんでした。しかし国語だけは、友達と点数を競うほどでした。先生に勉強を教えてもらいたくて、職員室前に行くと、先生の周囲には中学生がたくさん集まっており、人気な先生の列を待ったことは、たくさんありました。そんな話と共に、先生の授業を同じクラスで受けた友達と昔話をするくらい、とても大切な思い出です。

先生は、わたしたちの授業の担当をされなくなった後も、別の学校の先生になられた後も、わたしたちが中学・高校を卒業して大学4年生になった今でも、「最近どう?」「頑張ってるかぁ?!」「ファイト!」と応援してくださいます。応援してくださる先生が居てくださることで、頑張れることもたくさんありました。

わたしは、そんな優しい宇都宮先生が、とても大好きです。

【郡　迪香】2018年度　八女学院中卒

生徒思いな

私の中で先生の第一印象は、「この先生は、本当に生徒のことが大好きで教師をやっているんだ！」ということ。教師や先生というと、堅苦しいイメージや、あまり良い印象ではなかったが、宇都宮先生は、常にニコニコしていて、見た目や話し方・生徒に対する態度を見ていると、優しくて穏やかな、おおらかな人、だと感じた。

第一印象と同じで、実際に授業を受けていても、すごく熱心で、生徒のことを心から大事にしているのだと、強く感じた。分からないことがあって質問すると、分かるようになるまで丁寧に教えてくださり、どうやったら楽しく授業が出来るのかを一生懸命考えているのが、生徒にも伝わるくらい、熱心で真面目な先生だ。

私の第一印象は、「生徒思いな熱心な先生」。これは、第一印象でもあり、今現在の印象と同じだ。今まで、沢山の先生に出会ったが、宇都宮先生のような先生は、これから先、一生出会うことはないであろう。

【緒方　遥】２０２０年度 九州龍谷短大卒

フレンドリー

短大生活の2日目あたり。オリエンテーションの日でした！　一人の先生が、前方に座ってる子たちと和気あいあいと、おしゃべりしてました。そしたら「これでジュースでも買ってこい」と、ポケットから先生が小銭を取り出し、渡しているではないですか?!　これには私も、そこそこ生きてきましたが、先生が生徒に、しかも出会ってまもなくフレンドリーに、ジュースまで買ってくれるとは!!　初めての光景に、私はほんと〜に、衝撃を受けました。そして、短大の先生って、こんなに距離が近いのかと思って、とても安心したのでした。それが、宇都宮先生でした。学食に行けば必ず先生がいらして、それも私にとって学生生活の楽しみでした！

先生は、根っからの九州男児で、何事にも一緒懸命な印象が強いです。そして、えっ？　ということを何気なくこなすところが、かっこいいところです。短大にも、新しい風を吹かせ、風のように去っていかれたのも、先生らしいなぁと思っています。

年齢など関係ない。これで終わりと決めず、いつもチャレンジ！　私も先生を見習って、頑張ろうと、いつも思ってます。

先生には、勉強以外でも教わることたくさんです。人と人の繋がりを大切にすることも、先生から教わったことの一つです。これからの人生の、糧にしていこうと思います。宇都宮先生、ありがとうございます。

【篠原良子】２０２１年度　九州龍谷短大卒

親父

宇都宮先生は、入学式の日に声を掛けられた、第一号の先生でした。最初、「俺の息子に似とる(似ている)」って言われた時は、ほんとにびっくりでした。それを、今でも忘れることなく覚えてます。

それからも、授業や授業以外でも積極的に声をかけてくれ、僕にとっては先生ではなく一人の親父のように思ってました。僕はそもそも、学校が嫌いで、行くの止めようかなと思っていたのですが、先生がいてくれたからっていうのもあるし、先生の授業が楽しかったから、頑張れたのかなと思います。

とても優しく笑顔で、気さくなお父さんみたい。中に、礼儀正しく厳しい一面もありました。だけど、そーゆー所が、とても好きでした。今回、教師歴40年という節目を迎えたとのことなんで、何を書こうかすごく悩んだけど、自分の気持ちに素直になって書こうと思い、下手ながら書きました。本当なら、もっと書きたい事もあるけど、僕だけで1冊本が出来そうなので、このくらいにしとこうかな、と思います!

40年、本当におめでとう！　これからも、元気にがんばってください！

【武田竜誠】２０２１年度　九州龍谷短大卒

歌詞で

とっても楽しかった短大生活。言葉の授業ももちろん楽しかったけれど、歌の歌詞当てクイズの授業が、なにより大好きでした💖 授業を通して、初めて聞く音楽にハマり、その歌詞の内容や意味を調べたりもしました。友達と学校の帰り道に聞いてたりしてたのも、素敵な思い出です😢 就職してからもみんなで、宇都宮先生の授業を楽しく受けていたことを思い出します😭 戻りたいな、、、😭

今を精一杯、みんなでがんばります☺️

【野中あさひ】2021年度 九州龍谷短大卒

片付け

短大生活2年生初登校の日。(新しい先生がいるなっー)と思っている私に、「サークル(演劇)の新しい顧問の先生だよ」と紹介されたのが、宇都宮先生だった。初めの印象は「すこーし、お堅い先生…?」と思っていたが、話しているうちに、すっごく面白い考えを持っていることが判明。とにかく、今までの「先生」のイメージをぶち壊して来た。

そんな先生だが…、片付けが大の苦手。本人に自覚があるのか…? 研究室に入り、右を見るとピシャリ整っている棚、左を見るといろんなところに山がたーくさん。もちろん後者が宇都宮先生だ。そこで早く授業が終わった日には、「秘書」として(要は片付け係だが)、山の整理が任務だった。「これ、なんでこんなに中途半端なの?」「こっちにも、こっちにも、あるけど…」「片付ける棚が必要だと思う」と言う私に対して、「おかしいな~」と笑って誤魔化すだけの先生。

卒業と同時に、宇都宮先生は他県へ転勤。もう会えなくなるのか…と思いきや、すぐに連絡を取り合い、友達も一緒に岡山まで会いに!! 卒業してもなお、ここまで素敵な関係を築くことができたことで、素敵な出会いだったことを実感しています。

そして、転勤先の机が、宇都宮先生と隣同士の先生の、無事を祈るばかりです…（雪崩れていませんように）。

【小野那澄】２０２２年度　九州龍谷短大卒

授業っぽくない授業

私が宇都宮先生と出会ったのは短大での授業。

みんながリクエストした楽曲をもとに授業していくスタイルで、新しい曲も知れるし、興味が湧くし、もちろん勉強になるし。最初の何回かはこんな感じで楽な授業なんだな～なんて思ってた。が、そのスタイルはいつまで経っても変わらず、結局最後まで緩くも勉強になる授業だった。不思議と、いやいや勉強するよりもこちらの方が頭に残るし、やる気も出るものだと感じた。

他の授業とはどこか違う、授業っぽくない授業に惹き込まれ、いつしか私の中で宇都宮先生は大好きで尊敬できる、でも友達みたいな近所のおじいちゃん的存在になっていった(友達と彼の話をする時は〝ノリオ〟と呼んでいたくらいだ)。

ある時、サークルを決める瞬間があり、特にこれといったものがなく迷っていた。各サークルの担当の先生たちが分かり、私は真っ先に宇都宮先生のサークルを選んだ。結果的に大正解。辞書を使うサークルだったのだが、いろんな図書館を見てみたいという口実で、みんなでわざわざ他県に行ったりもした。ちょっとした旅行気分で、正直、授業の一環なんて忘れてしまうくらいだった。

そんなこんなで短大を卒業し、先生も違う学校に行ってしまったが、たまにサークルメンバーと旅行ついでに先生に会いに行ったり、定期的に連絡も取り合ったりしている。

現在保育士として教育する立場になった私だが、宇都宮先生の授業っぽくない授業のおかげで、言葉かけ次第で子どもたちがやる気になってくれるのだなとつくづく感じている。宇都宮先生に出会ってなかったら、こんな柔軟に物事を考えることが出来なかったのではないかとさえ思う。

私の中で宇都宮先生は「出会えて良かった先生ランキング」歴代1位だ。これからも定期的に連絡を取っていきたいし、また旅行にも行きたいから仕方なく仲良くしてあげようと思う。

長生きしてね！　ノリオ!!^^

【今村（眞田）千菜美】２０２２年度　九州龍谷短大卒

フリーペーパー

私から見た宇都宮先生は前向き、そして、行動の人です。

短大で唯一受けた先生の講義は、「生涯学習論」。その授業がおもしろくて、毎回新たな学びと、刺激をいただきました。あんなに脳が刺激されたのは、教科書を開くことがなく（笑）、主体的に考え、学ぶ時間が多かったからだと思います。

特に印象的なのは、授業の最後に先生選曲の音楽（最近流行りのＪ－ｐｏｐばかり！）を聴いて、歌詞の穴埋めをする時間。日本語の美しさや奥深さを楽しく学べる画期的な授業で、先生の発想の柔軟さや、生徒とともに学び、楽しみたいという気持ちが毎回伝わってきました。

講義以外でも、何かと関わらせていただきました。ある日、先生から「短大のフリーペーパーを作るので、表紙等をデザインしてもらえませんか？」とお電話いただき、そこから始まったフリーペーパーサークルの活動。先生の声かけで、学科を超えて生徒さん（私より一回り以上も年下の！）たちと関わりを持ち、ともに作業する時間をいただいたことは、とても貴重な時間でした。それもこれも、先生の明るさと行動力に繋いでいただいたものだと、思っています（ベジタブルサークルも楽しそうでした!!)。

これまでも、これからも、たくさんの生徒さんに慕われ、愛される宇都宮先生です☺!

【後藤曜子】2022年度　九州龍谷短大卒

さつまいも

私は、宇都宮先生との出会いに感謝しています。

先生と初めてお会いしたのは、九州龍谷短期大学のオープンキャンパスです。保育領域「言葉」の授業を体験し、音楽を使って言葉を学ぶ、これまでに体験した事ない授業形式は、とても楽しかったです。入学後、言葉の授業を受ける中では、初めて知る言葉が数多くあり、言葉の成り立ちや本来の意味を学びました。特に音楽を使った授業は一段と面白く、言葉を学ぶだけでなく、授業をきっかけに聴き始める曲が幾つもあり、日に日に、先生の授業が楽しみになっていました。

授業以外での大学生活の中では、共に学食で食べたり、好きなアーティストの話をしたりした事もありました。その中でも、先生と共に「ベジタブルクラブ」というサークルを立ち上げた事は、強く印象に残っています。野菜や花を育て、学校を緑豊かにすることを目標に立て、先生と学生が共に悩み、考え、活動した日々は私の大学生活の中でも、一番の思い出です。主にさつまいもを育て、収穫の時期を迎えると、放課後にサークルで集まり、皆で楽しく収穫をした事は、今でも覚えています。収穫したさつまいもは、各自で家に持ち帰り、焼き芋や味噌汁の具、スイートポテト等にして、美味しくいただきました。

先生との沢山の思い出を振り返ると、約1年半という短い期間ではありましたが、短大で先生に出会えたこと、今でも、本当に良かったと思っています。

【池田珠生】2023年度　九州龍谷短大卒

なかなか、いない

①　先生の授業
私が今まで受けてきた授業の中で、宇都宮先生の授業は、他の先生とは全く違う面白い授業でした。先生は、ほとんど教科書を使いません。先生が使うのは、音楽でした。退屈だと思ったことはないし、本当に楽しかったです。今まで音楽を聴く時に、歌詞を重視することはあまりなかったし、漢字まで気にしたことはありませんでしたが、先生の授業を機に、考えるようになりました！

②　したいことをする！
学年でレクリエーションをする時に、1組だけ、クラス目標の台紙にみんなで手形を押すということをしました。「先生は、これをした方がいいと思ったけん（から）ねぇ」と言われた時は、本当に面白い先生だなぁと思った記憶があります（笑）。生徒の親に教科書を使わない授業を心配されても、自分の思う授業を突き通す姿が、カッコよかったです！

③　思いやりのある言葉

先生は、いつも欲しい言葉をくれます。高校受験の時は、一度も志望校を変えた方がいいなどの言葉を言わず、ただただ、応援し続けてくれました。私は、先生に言われた「茨の道」という言葉が、すごく心に残っています。すごく難しい道を選んだ生徒を信じ続けてくれる宇都宮先生のような先生は、なかなか、いないと思います。なので、本当にいい出会いでした。

【福本彩乃】2022年度　兵庫教育大学附属中卒

良かった

「3年1組の担任は?」と言われたあの日、イケメンを想像しました。ですが、呼ばれた人は、想像と全く違う人でした。

最初は注意されることが多かったり、めんどくさいなと思うことが増えたりすることが、多かったです。でも今となっては、当たり前のことができなかった私たちに、先生はたくさん注意してくださいました。高校に入ってからは、注意してくださったことが当たり前にできるようになり、成長できたと思います。

国語の授業では、先生なりの授業をしてくださり、みんなが好きな音楽で、空欄に当てはまる漢字を書き入れ、覚えやすく分かりやすくしてくださいました。先生の話は、長かったり、いろいろあったりしましたが、中学校最後の担任が先生で、良かったです。

【鐘撬泉璃】2022年度　兵庫教育大学附属中卒

言葉の美しさ

私は宇都宮先生と、2022年の4月に出会いました。私の通っていた中学校では、新しいクラスの名簿に担任の先生の名前も書かれていたので、お名前から勝手に、理科の先生だと思っていたことを覚えています。

先生には、授業と部活動で大変お世話になりました。先生の国語の授業は、国語科の内容と、生きていくために必要なことが組み合わされていて、授業時間の50分があっという間に過ぎていました。歌詞の美しさや言葉の美しさを学ぶところから始まる先生の授業が本当に楽しみで、友だちと、毎日国語の授業があってほしいと言っていました。

部活動では、副顧問になっていただき、助けていただきました。あの時、先生に助けていただけなければ、どうなっていたかと思うだけでゾッとします。本当に、ありがとうございました。

【後藤茉帆】2022年度　兵庫教育大学附属中卒

流行りの

授業中、還暦越えのベテラン先生から出る流行りの歌手の名前。イマドキ珍しくはないのですが、配られたプリントには、流行りの曲の歌詞が印刷されていました。よく見ると空欄があり、曲を聞いてどんどんそれを埋めていくのです。「そう来たか！」まったく新しい角度からの授業。去年まではよく寝てた国語の授業も、今年は寝れなくなったのを覚えています。僕たち関西人からすれば、馴染みのない九州の言葉。ほとんどは、お互いに通じ合うのですが、微妙な差異で今いち伝え切れなかったり、そもそも聞いたことない言葉であったり。授業も人柄もとても個性的で、すぐに先生は人気者になっていったのを覚えています。

着任されてしばらくした時のことです。一度、教室の掃除当番だったことをうっかり忘れてしまい、そのまま部活に行ったことがあります。先生はすぐに気づいたようで、「どこに行ったんかね？菊谷は」と言われていたそうです。部活終わりにこのことを友達から又聞きし、謝りに先生の許へと行きました。「今日できなかった分、次回は二倍やります」と僕は伝えました。しかし〝次回は〟ではなく、〝次回から〟と自分が言ってしまったのか、それとも先生の聞き間違いだったのか、しばらく雑巾がけが、ずっと二倍していました。

僕たちの代、一年間だけを担当して、また次の学校に飛んで行った、まるで嵐のような先生です。

【菊谷敦司】２０２２年度　兵庫教育大学附属中卒

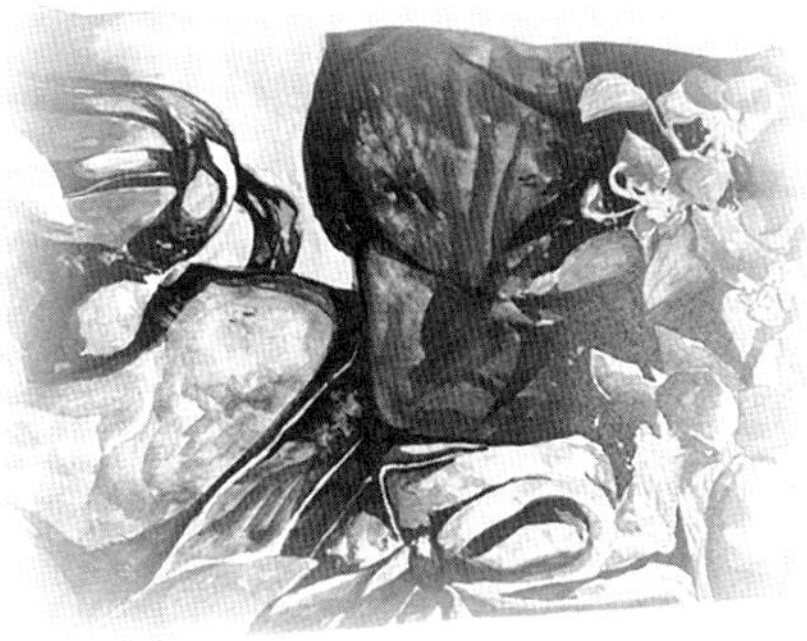

夢を色付ける男

時は矢のようにはやいもので、あの4月8日から知らず知らず2年が経とうとしていました。当時、私は周りの人と感覚が大きく違うことを実感しつつありました。要するに「偏見」などの思考が強く、人をあまり受け入れ難い存在になっていました。そんな中私は進級し、先生と出会いました。彼の授業は何もかもが新しく、私にはものすごく魅力的な授業でした。また彼は、一つのことに縛られず、自由だけど生活レベルを超えた知識や経験的なものが身に付く、そんな授業でした。行事でも周りとは一段と違う行動を取り続けていました。周りからいくら批判されようが貫き通す「熱い信念」が魅力的であり、私の考え方に大きく影響しました。

数ある行事の中でも、「友嬉祭（文化祭）」が大きく私を変えた事柄でした。私は学芸部に所属しており、「友嬉祭」の運営でもありました。その中でクラス動画を作成することになり、私が内側に秘めた力を引き出すことになりました。いつもなら学校などのルールに則ったやり方でしたが今年はいやこのクラスだけ違いました。彼は私に何ひとつ制限のようなものをつけず、可能な限り活動の幅を広げ、私の力を信じてくれました。そのきっかけが今後に甚大な影響を及ぼし、私を変えてくれたのです。結果的に「友嬉祭」での評判は良く、私と話したことがなかった人もそれをきっかけに声をかけてくれるようになり、大きなものを得た感覚を味わいました。

それから数ヶ月後、またもや転機が訪れました。道徳の研究授業の準備に声がかかったことです。内容は「二度とない人生だから」という詩を様々な形で表現するものでした。私の場合は「動画を作ってくれ」とのことでした。得意分野であるからこそ、最大限なことを施しました。結果的に「友嬉祭」以上に好評で他者から認めてもらう喜びを強く感じました。またしても、私の力を引き出すように彼は促してくれました。この出来事を通して彼は私に限らず、人の「夢」や「力」などの能力を引き立てることに優れており、一年を通してその力を圧巻しました。中学を卒業後も、彼とはプライベートでも良いお付き合いをさせてもらってます。非常に感謝してもしきれないことです。

私の今の目標は彼みたいな職場につき「夢」的な存在を渾身の力で教えたい。「夢」という言葉に遠く及ばない、不遜の誹りが待ち構えていると分かっていても、若い方々には大きく強く、そして深いところにねざした「夢」を持ってもらいたい、という私自身の夢を彼に託さずにいられません。

【加地健翔】２０２２年度　兵庫教育大学附属中卒

面白さ

宇都宮先生の授業の面白さは、いろいろあります。その中の一つは学生にあまりプレッシャーをかけないことであり、学生の自分の覚えたい所を覚えることです。今の所を必ず覚えないといけないではなく、後で覚えられたら良いことも、この授業の面白さです。また、重要な内容だけを教えるのではなくて、授業に関係する別の言葉を聞いても良いことです。三つ目は、勉強することはできるだけで良い。病気があったら、我慢して勉強する必要はないことです。四つ目は、授業の融通が利くことも、勉強するためには、一つの良いことだと思います。

宇都宮先生の授業は、余裕でできるものではなく、何かの面白いことを捜して授業を進められることです。

【タイ王国からの国費留学生　オーム】津山工業高等専門学校　電気電子システム系４年

マージャン

宇都宮先生は、やさしくて、ビールが好きです。ぼくが困ったときはいつも、助けてもらいました。いろいろな日本のことも、教えてくれました。お土産を、いつもくれました。マージャンのやり方も、教えてもらいました。いろいろな場所につれて行ってくれました。鳥取や津山城などです。お世話になりました。

【タイ王国からの国費留学生　パン】津山工業高等専門学校　情報システム系２年

何でも

宇都宮先生は、僕に日本語を教えてくれた先生です。先生はやさしくて、何でも相談できる人です。足が痛いときも、病院に送ってくれたし、風邪をひいたときも、薬を買ってくれました。そうして、分からないことあれば、いつも先生に聞けます。授業のことだけじゃなくて、何でも聞けます。最後に、おせわになりまして、ありがとうございます。

【タイ王国からの国費留学生　ガン】津山工業高等専門学校　電気電子システム系2年

原点

二十年前、私は、佐賀県の三田川中学校に情報アドバイザー（ＳＥ）として勤めていた。志望動機は、教職に憧れていたが大学受験に失敗し、どうしようもなかったからである。また、当時パソコン操作に少々自信があったからである。そんな時期に、宇都宮先生との出会いがあった。これまで紙媒体で行なっていた「心のフラスコ」（先生自作の詩歌の教材）をパソコンでできるようにならないか、との依頼であった。私は試行錯誤の末、生徒の心の中を表現でき、簡単に書き換えができるソフトをワードで作成した。実際に先生と一緒に行なった授業（中３：高村光太郎「レモン哀歌」）では、生徒が考える「喜」「悲」「憂」などの感情をパソコンの中のフラスコに表現でき、大好評を博した。

授業で宇都宮先生が生徒と向き合う姿…。それこそが、私の原点である。その後私は、通信制の大学で教職を取り、念願の教師になった。

「さぁ、今日も授業発問や指示を出すことで、生徒はどのような学びを体感し、どのような変化が表れるかな…」。

【渕上　聡】現中学校教諭

あとがき

二〇一六年の夏、右足股関節の手術を、その翌年の冬、今度は左肩鍵盤断裂の手術をしました。ともに、外科手術としては初めての体験でした。こんなにも長い時間、たった一人でベッドの上に居たことは、それまではありませんでした。今回の構想は恐らく、この頃に出来上がったように思えます。それから幾年、いつものように、教え子たちと盃を酌み交わしていた時、ふと私の口から出た言葉が、「生きているうちに、エピソード集を出したいなぁ」でした。

あれから数年、神戸新聞総合印刷さまのお陰で、どうにか茲に上梓を迎えることが出来ました。これはひとえに、編集の方々のお陰です。皆さまは、私の無茶ぶりにも耐えてくださり、常に適切なアドバイスをくださいました。また、山本君をはじめ、馬場君、村岡君、久永君、菊谷君たちの協力や助言も、忘れられません。

こうして一枚一枚、頁をめくって参りますと、その時々の様子が鮮明に蘇ってきます。場面が眼前に浮かび上がってきます。もちろん、既に忘れてしまっていることや、記憶違いだったことも、多々あることでしょう。しかし、茲にあるすべての出来事で、私は、教師として確実に成長させてもらったのです。生徒たちに、生きることを教わってきたのです。

この本を手に取ってくださった方々の、末永い幸せをお祈りいたします。

二〇二四年秋色　津山にて　宇都宮 紀雄

有田町立西有田中にて

学級目標 YOKA

宇都宮 紀雄（うつのみや のりお）

昭和34（1959）年、熊本生まれ。22歳から佐賀県の公立中学校で教鞭を取る。途中、鳴門教育大学大学院で修士号を取得。その後、佐賀大学教育学部附属中学校、佐賀県教育委員会三神教育事務所、県教育センター、公立中学数校を経て、佐賀県立鳥栖高校に。そこで県立中学校（香楠中学校）の開校に尽力。後、私立の中高一貫校2校（弘学館と八女学院）を経て、定年を迎える。その年の4月、九州龍谷短期大学に呼ばれ、准教授に。後、兵庫教育大学附属中学校を経て、現在は、独立行政法人津山工業高等専門学校で、タイ王国からの留学生たちに日本語を教えている。いつまでも現役に拘り続ける、燃える教師である。

せんせー

2024年11月15日　初版第1刷発行

編　者
発行者　宇都宮《うつのみや》 紀雄《のりお》

制作・発売　神戸新聞総合出版センター
〒650-0044　神戸市中央区東川崎町1-5-7
電話 078-362-7143　FAX 078-361-7552
URL　https://kobe-yomitai.jp/

印刷所　株式会社 神戸新聞総合印刷

ISBN978-4-343-01244-9　C0037